NOTICE

SUR

MONSIEUR L'ABBÉ PETIT

CHANOINE TITULAIRE

VICAIRE GÉNÉRAL

CHANCELIER DE L'ARCHEVÊCHÉ DE PARIS

SUPÉRIEUR

DE LA COMMUNAUTÉ DU ROULE

DIRECTEUR

DE LA CONGRÉGATION DES ENFANTS DE MARIE

endormi dans le Seigneur, à Jérusalem,

le 11 Octobre 1888.

« Par sa foi, il a mérité la mort dont il a été couronné ! »

« Bienheureux sont ceux qui l'ont connu et qui ont été honorés de son amitié. »

(*Eccl.*, *XLVIII.*)

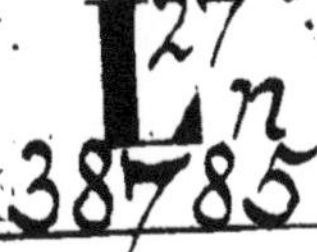

NOTICE

SUR

MONSIEUR L'ABBÉ PETIT

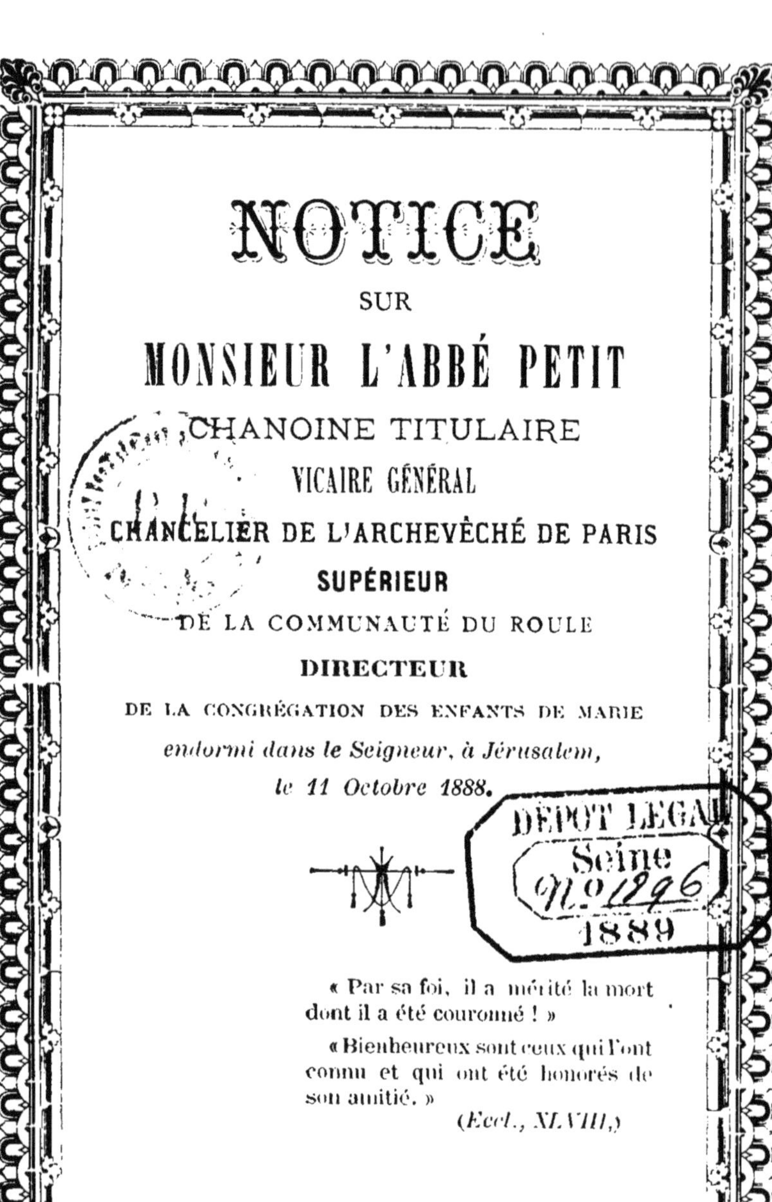

NOTICE

SUR

MONSIEUR L'ABBÉ PETIT

CHANOINE TITULAIRE

VICAIRE GÉNÉRAL

CHANCELIER DE L'ARCHEVÊCHÉ DE PARIS

SUPÉRIEUR

DE LA COMMUNAUTÉ DU ROULE

DIRECTEUR

DE LA CONGRÉGATION DES ENFANTS DE MARIE

endormi dans le Seigneur, à Jérusalem,

le 11 Octobre 1888.

« Par sa foi, il a mérité la mort dont il a été couronné ! »

« Bienheureux sont ceux qui l'ont connu et qui ont été honorés de son amitié. »

(Eccl., XLVIII.)

MONSIEUR L'ABBÉ PETIT

NOTICE

SUR

MONSIEUR L'ABBÉ PETIT

§ I.

Édouard Auguste Petit naquit au village de Beaurain, canton de Guise, (département de l'Aisne) le 21 janvier 1833, en la fête de Sainte Agnès, seconde patronne des Enfants de Marie du Roule (1). Toujours il eut une dévotion spéciale pour cette angélique vierge et martyre, ainsi que pour Sainte Scholastique, dont la fête, (10 février,) lui rappelait l'anniversaire de son baptême.

Dieu avait confié cette jeune âme à des parents chrétiens qui observaient rigoureusement les lois de l'Église. Matin et soir, la prière était récitée en

(1) Par suite de leur affiliation à l'Archiconfrérie, érigée à Rome, sur le tombeau de la jeune sainte, agrégation qui eut lieu en 1878, Monsieur l'abbé Petit étant directeur de la Congrégation.

commun, et une pieuse lecture, faite par la mère de famille, terminait la journée (1).

Le petit enfant se montrait si aimable et si doux qu'il faisait la joie de tous. Sa piété précoce et son air intelligent attirèrent l'attention du bon curé de Beaurain qui s'attacha à lui d'une manière particulière et le prit pour enfant de chœur, alors qu'il n'avait encore que quatre ans. En cette même année 1837, l'innocent et gracieux enfant chanta l'épître du jour de Pâques ; il en était si heureux, qu'il le disait à tout le monde.

Aller à l'église était son bonheur le plus grand, et déjà il aimait beaucoup la Sainte Vierge. Il l'invoquait souvent, et, à l'approche de sa première Communion, il lui adressait chaque jour une prière spéciale afin de bien se préparer à cette grande action. Il ne se lassait pas de faire des actes d'amour de Dieu et, tout en se promenant avec sa sœur aînée, il récitait avec elle les prières qu'il savait par cœur. Édouard Petit reçut pour la première fois le pain des Anges, à la fin du mois de

(1) Cette fervente chrétienne mourut en 1864, après une maladie de trois mois, pendant laquelle son fils lui donna les soins les plus affectueux, ne la quittant que pour offrir le saint sacrifice de la Messe et pour prendre un peu de repos. Monsieur l'abbé Petit conserva toute sa vie, comme un précieux souvenir, le livre de prières de sa mère.

mai 1845, et en ce jour il se consacra à Marie qu'il devait servir et honorer si fidèlement pendant toute sa vie. Le premier juin suivant, il fut confirmé en la fête et sous les auspices du Sacré-Cœur de Jésus; aussi travailla-t-il toujours dans la suite à en répandre le culte (1).

Déjà Dieu avait parlé au cœur du pieux enfant. Il lui avait demandé de se donner à lui sans partage; car lorsque sa sœur bien-aimée s'arracha aux joies et aux affections du foyer domestique pour se consacrer à Dieu et au soin des malades, il lui dit : « Ma sœur, je suis content ; moi aussi, je veux « servir le bon Dieu, et quand je serai grand, je ferai « comme toi. »

Si la position de ses parents le lui eût permis, il fût entré au séminaire dès cette époque. En attendant que la Providence lui en facilitât le moyen, il continuait à aller en classe chez l'instituteur du village, et le bon curé lui enseignait un peu de latin.

Mais Dieu, qui avait des vues spéciales sur cet enfant de bénédiction, amena une circonstance particulière qui lui permit de suivre sa vocation. Lorsque, le 28 septembre 1848, le futur lévite assistait

(1) Rappelons ici que la pratique de consacrer le mois de juin au Sacré-Cœur de Jésus doit son origine à la piété d'une élève de la Congrégation de Notre-Dame, de la maison dite des Oiseaux.

à la profession de sa sœur, à l'Hôtel-Dieu de Laon, il y rencontra Monsieur Ducastel qui, étant encore sous-officier d'artillerie, avait été soigné dans une maladie grave par les bonnes sœurs. A cette date, Monsieur Ducastel venait d'entrer au séminaire et se préparait aux Saints Ordres.

Frappé de l'air aimable et de la vivacité d'esprit du pieux adolescent, et instruit de ses saintes aspirations, il lui dit : « Mon ami, quand je serai prêtre, « tu viendras avec moi. Et toi aussi, s'il plaît à « Dieu, tu seras prêtre ! »

Monsieur Ducastel tint parole; en 1850, nommé vicaire à Notre-Dame, il venait lui-même chercher son protégé chez ses parents, l'amenait avec lui à Paris et se constituait son meilleur appui.

Pendant trois ans, le jeune homme, tout en suivant les cours du Lycée Saint-Louis, partagea la vie laborieuse, mortifiée, très fervente de son bienfaiteur, jusqu'à ce que celui-ci obtînt son admission au petit séminaire de Notre-Dame des Champs (1).

§ II.

Notre-Dame des Champs ! C'est dans cette maison bénie, placée sous le patronage spécial de la Sainte

(1) M. l'abbé Ducastel est mort en 1876, curé de Saint-Jacques du Haut-Pas.

Vierge, que Monsieur Petit entra en octobre 1853 (1). Il se trouva immédiatement classé parmi les meilleurs élèves pour sa piété, son aptitude au travail et son bon esprit. Voici, entre autres, une preuve de l'affection et de l'estime qu'il avait su conquérir : bien que nouveau venu et encore sur les bancs de la troisième, il obtint le *prix d'honneur* décerné d'après le suffrage des élèves sous le contrôle des maîtres.

La Congrégation du Sacré-Cœur, établie surtout pour les jeunes gens qui se destinent à l'état ecclésiastique, lui fut ouverte dès cette première année, et il en devint plus tard le préfet (2).

Après avoir fait sa rhétorique (3), Monsieur Petit entra au *Grand-Séminaire* d'Issy en octobre 1856. Aussi parfait séminariste qu'il avait été écolier exemplaire, il unit constamment, à la fidèle et scrupuleuse observation de la règle, cette affabilité et

(1) Le Petit Séminaire avait alors pour supérieur le vénérable M. Millault, actuellement curé de Saint-Roch.

(2) Comme le Petit Séminaire est *mixte*, c'est-à-dire qu'il reçoit, à la fois, les enfants qui se destinent à l'état ecclésiastique et ceux qui veulent suivre les carrières civiles, il y a pour la division des *grands* deux Congrégations, celle du Sacré-Cœur et celle de la Sainte-Vierge. Cette dernière, sans être exclusive, est surtout destinée aux jeunes gens qui doivent rester dans le monde.

(3) Il eut pour professeur M. l'abbé Foulon, actuellement archevêque de Lyon, qui témoigna toujours une grande affection à son ancien élève et lui donna une dernière marque de haute estime en assistant à son service funèbre, à Notre-Dame.

cette humeur enjouée qui formaient le fond de son caractère. Dès cette époque, il essayait de faire plaisir à tout le monde, ligne de conduite qu'il a gardée jusqu'à ses derniers moments. C'est pourquoi ses Supérieurs le choisirent pour infirmier, dès sa seconde année de philosophie. Qu'il faisait bon être soigné par lui! Il y avait en lui de la sœur de charité. Il est vrai qu'il avait été à bonne école, puisqu'il avait vu sa sœur passer sa vie au milieu des malades de l'Hôtel-Dieu de Laon. Il avait été également souvent témoin de l'empressement charitable avec lequel Monsieur Ducastel, son bienfaiteur et premier maître, faisait le lit des infirmes qu'ils visitaient ensemble.

En octobre 1861, Monsieur Petit n'était pas encore prêtre lorsqu'il fut appelé en qualité de professeur au Petit-Séminaire de Notre-Dame des Champs par le Supérieur, Monsieur l'abbé Place, aujourd'hui Cardinal et Archevêque de Rennes, dont le nom est si étroitement uni à celui du Couvent, et en particulier des Enfants de Marie du Roule. Monsieur Petit ne fit que passer comme maître dans cette maison où il avait laissé de si exellents souvenirs comme élève. Ordonné prêtre le 21 décembre de la même année, il dit sa première Messe à Notre-Dame des Champs et entra le jour de saint Étienne à l'archevêché, en qualité de secrétaire de Monseigneur Morlot. Le vénérable Archevêque avait discerné les belles et aimables qualités de Monsieur Petit lorsque celui-ci n'était encore que séminariste. Le jeune secrétaire commença alors cette carrière toute de dévouement qu'il devait mener sans relâche pendant vingt-sept ans, et que Monseigneur Richard rappelle dans son admirable lettre nécrologique, dont nous empruntons les lignes suivantes :

« La vie de Monsieur l'abbé Petit a été consacrée « presque tout entière à l'Archevêché de Paris.

« Il était doué d'une aptitude remarquable pour « la conduite des affaires administratives, et son « activité ne se ralentissait jamais au milieu des « sollicitudes et des relations incessantes de chaque « jour.

« En même temps, il savait unir la piété la plus « vive, la charité la plus vraie pour les âmes au « travail souvent aride de l'administration. On le « vit ainsi consacrer, pendant de longues années, « ses heures de loisir et ses journées du dimanche « au patronage Saint-Jean. Les enfants et les jeunes « ouvriers n'oublieront jamais ce prêtre qui les « aimait vraiment en père.

« Les communautés religieuses de Paris, celles « surtout dont il fut particulièrement chargé, ont « pu apprécier la délicatesse de sa piété, la généro-

« sité de son dévouement, la sagesse de ses conseils « et son expérience des affaires. »

Ce que le diocèse doit à la lucidité de l'intelligence, à l'activité, à l'infatigable ardeur de Monsieur l'abbé Petit est immense. Nous nous bornerons à rappeler les dates importantes de sa carrière ecclésiastique, en insistant seulement sur le temps de sa captivité pendant la commune, ses relations avec le couvent du Roule et sa mort admirable.

Monseigneur Darboy, devenu Archevêque de Paris en 1863, à la mort du Cardinal Morlot, continua à Monsieur l'abbé Petit la confiance et la paternelle affection que lui avait vouées son prédécesseur ; bientôt, il l'admit dans son intimité.

De simple secrétaire, il le fit, le 21 novembre 1865, secrétaire général, et quelques mois après, à l'occasion de la fête de Saint Georges, avril 1866, il lui conféra la dignité de chanoine honoraire.

Le Cardinal Guibert l'éleva en 1874 à la dignité de Vicaire général honoraire et de chancelier de l'archevêché. Enfin, en 1875, il devint chanoine titulaire de l'Église Métropolitaine de Paris.

Revenons aux évènements de 1871 qui font si bien connaître la piété, la force d'âme de Monsieur l'abbé Petit, et sa parfaite conformité à la volonté de Dieu.

C'est le 4 avril, à onze heures et demie du soir,

qu'on vint prendre Monsieur Petit dans son lit. On eut peine à l'éveiller; cependant on avait arrêté ce jour-là Monseigneur Darboy, et il s'attendait au même sort. Il fut conduit à la Conciergerie dans la voiture de l'Archevêque, en compagnie de Mademoiselle Darboy. Là, les deux prisonniers furent séparés, et Monsieur l'abbé Petit, après avoir passé de bureaux en bureaux, fut conduit à sa cellule. Comme il allait y entrer, il s'entend appeler par le prisonnier de la cellule voisine. Il s'approche. C'était le Père Olivaint. « C'est pour le même maître, n'est-ce pas ? dit le Père. — Oui, c'est pour Notre-Seigneur ,» répondit le secrétaire général.

Monsieur l'abbé Petit resta à la Conciergerie ou Dépôt jusqu'au 13 avril. Ce jour-là il fut conduit en voiture cellulaire à Mazas. Sa grande préoccupation était de rassurer ses amis et de leur recommander de ne pas se compromettre pour lui. Une respectable dame et amie de Monsieur Ducastel, qu'il traitait et aimait comme une seconde mère, Madame Renoust, et sa bonne servante Louise organisèrent bientôt un service régulier de communication avec le prisonnier qui, grâce à elles, ne manqua jamais de rien jusqu'au dernier jour de la *semaine sanglante*. Il put même échanger avec elles et quelques amis une correspondance religieusement conservée.

Dès le début de sa captivité, Monsieur l'abbé Petit s'exprime ainsi :

« Je ne suis pas malheureux ici, je n'éprouve « pas même le moindre ennui. Au contraire, j'y « trouve des loisirs qui me sont très précieux; « c'est ainsi que je puis, si je veux, suppléer à la « retraite que nous n'avons pas faite cette année. « Je ne m'ennuie pas, je me trouve heureux, con- « tent; ma santé aussi se maintient toujours excel- « lente. Hélas ! je voudrais pouvoir en dire autant de « tous ! Pour la première fois j'ai pu faire une petite « et courte promenade au préau. Là, j'en ai vu qui « m'ont paru bien fatigués. L'émotion, sans doute, « y est pour beaucoup.

« Quant à moi, ma bonne Louise, le bon Dieu m'a « vraiment gâté. Figurez-vous que non seulement « je ne m'ennuie pas ; je me trouve heureux, con- « tent. Aussi, quoi qu'il puisse arriver, soyez donc « bien tranquille à mon sujet. Je ne suis nullement « à plaindre . . .

Dans sa prison, le saint captif priait sans cesse et, plus tard, on lui a entendu répéter plus d'une fois « que c'était seulement là qu'il avait appris à prier Dieu , » ajoutant qu'il avait parfois dit, jusqu'à vingt chapelets par jour.

Afin d'honorer davantage la Sainte Vierge pendant le mois qui lui est spécialement consacré

Monsieur l'abbé Petit demanda à l'approche de cette époque bénie deux volumes des Conférences sur les Grandeurs de Marie par le Père d'Argentan.

Il reçut non seulement ces livres, mais même des fleurs, et avec quelle joie !

« J'ai tort de toujours vous parler de moi. Mieux « vaut, ma bonne et chère Mère, vous raconter que « dimanche dernier il m'est arrivé un aimable, un « gracieux et odoriférant bouquet. C'est le mois « des fleurs, j'ai donc souri de joie et de reconnais- « sance en recevant ces fleurs. J'ai pensé et je « pense encore qu'elles me viennent de vous. Elles « sont encore là, sous mes yeux, épanouies, con- « servant toujours quelque chose de leur première « fraicheur. Mais les fleurs passent vite, *vous le* « *savez* ; ce qu'elle m'ont dit et me répètent encore « de votre part, reste et restera toujours, et c'est « pourquoi je vous dis *merci*. »

Le 20 mai, Monsieur l'abbé Petit écrit :

Ma bonne Louise,

« Rassurez-vous et rassurez mes bons amis ; « dites-leur que je vais très bien, et de plus, pas « d'ennui ni de tristesse. Le bon Dieu est bon de « m'avoir ainsi favorisé !

« Soyez donc tous, de votre côté, bien patients « et bien résignés. Après la pluie, le beau temps!

« Merci surtout de vos bons soins, si dévoués et « si constants. Je vous suis très reconnaissant « ainsi qu'à tous mes chers amis. Et vous, soignez-« vous bien. Vous le pouvez, et j'ajoute : vous « le devez ; un peu, ou plutôt beaucoup plus de « confiance dans le bon Dieu et on se retrouvera « avec joie . . . »

Après divers détails et recommandations, il continue ainsi :

« En prenant ces précautions, je ne veux pas « vous effrayer. J'espère, au contraire, sortir de « cette épreuve. De toute façon, elle aura fait « beaucoup de bien à mon âme. Donc, ma bonne « Louise, remercions toujours le bon Dieu, et « disons-lui d'un grand cœur : que votre volonté « se fasse.

Deux jours après, le 22 mai, le prisonnier était transféré de Mazas à la Roquette, et ce fut dans cette circonstance qu'il revit son saint Archevêque pâle, anéanti, défiguré par les souffrances de tout genre.

Le 24, il eut la consolation de lui faire partager son modeste repas (1). Le soir même de ce jour,

(1) Dès qu'il eut le panier attendu, M. Petit alla trouver Monseigneur et lui offrit une tranche de filet, des cerises et une brioche. Mais pas de serviette pour recevoir ces aliments. Monseigneur prit un morceau de papier et dit en souriant : « à la guerre comme à la guerre. » Ce fut *son dernier repas*.

Fête de Notre-Dame Auxiliatrice, l'illustre victime avait cessé de souffrir . . .

Monsieur l'abbé Petit s'attendait lui-même à tout instant à la mort (1). Séparé par une cloison de la cellule du Père Caubert, il chanta, le 25, avec le futur martyr, une strophe d'un cantique en l'honneur du Sacré-Cœur :

Accordez-nous,
Seigneur, à tous,
Cette grâce incomparable
De bien finir,
De bien mourir
Sur votre cœur adorable.

Le samedi, 27 mai, Monsieur l'abbé Petit, en union avec les prisonniers survivants à la Roquette, répéta cent et cent fois à Notre-Dame des Victoires qu'il n'attendait de salut que par elle (2).

Au milieu de cette alternative de crainte et

(1) M. l'abbé Petit avait compris que l'envoi dans la prison des condamnés, c'était la mort. S'il en avait douté, le langage et l'attitude d'un gardien de Mazas qui avait des bontés pour lui, l'aurait bien vite fixé. Le gardien se glissa dans sa cellule pendant qu'il faisait ses préparatifs de départ, le poussa dans un coin et l'embrassa les larmes aux yeux, en lui disant : « *adieu, Monsieur Petit.* »

(2) Vierge sainte votre Sanctuaire, si connu du monde entier, est profané ; les prêtres qui vous honorent et vous aiment, sont emprisonnés ou massacrés ; sans vous, nous allons tous périr ; il nous faut un miracle de votre cœur ; il le faut ; vous nous l'accorderez. O Notre-Dame des Victoires, après tant de désastres, vous nous accorderez du moins cette dernière victoire. » Souvenir de la Roquette.

d'espoir, il écrivit à son bienfaiteur, Monsieur l'abbé Ducastel.

Cher bon Père,

« Je m'attends à être appelé d'un moment à « l'autre, pour être fusillé, et je suis bien aise de « vous donner encore un témoignage de ma tendre « et toute filiale affection. *Merci* de tout le bien « que vous m'avez fait. Ce mot renferme tout. Le « bon Dieu me console et me soutient. Ma vie du « reste est à lui, et, je l'espère, mon cœur aussi. « Donc, il ne faut pas me plaindre. Dites-le à tous « les miens . . . Je les embrasse tous et je leur « recommande à tous très vivement, de bien « servir le bon Dieu et de vivre chrétiennement.

« Tous ensemble remercions le bon Dieu ; un « jour, tous aussi nous nous retrouverons avec « lui et alors la joie toujours, le bonheur de s'aimer « sans tristesse aucune.

« Je me recommande instamment aux prières de « tous, et si, comme j'en ai la douce et la ferme « confiance, notre Dieu me fait miséricorde, au- « près de lui, à mon tour, je n'oublierai personne.

« Je vous embrasse et je vous aime en Notre- « Seigneur.

Édouard Petit

Prison de la Roquette N° 10.

27 mai 1871, vigile de la Pentecôte.

Le jour même où Monsieur Petit écrivait cette lettre, les portes des cellules étaient ouvertes et, grâce à un déguisement, le prisonnier quittait la Roquette. Ne trouvant aucun lieu sûr, il rentra bientôt avec quelques otages dans la prison où les infirmiers les firent passer pour des malades ordinaires.

Le lendemain, dimanche de la Pentecôte, le triomphe de l'ordre était complet, mais au prix de quelles victimes !

L'émotion de Monsieur l'abbé Petit fut grande quand le Colonel des Plas entra, à quatre heures du matin, à l'infirmerie en criant : « Vive France ! vous êtes libres ! . Où est l'Archevêque ? » Monsieur Petit regarde bien, et revoyant enfin les pantalons rouges, il se jette au cou du Colonel · » Vous demandez l'Archevêque ! Ils l'ont fusillé il y a quatre jours ! »

§ III.

Notre-Dame des Victoires ! C'est à la protection spéciale de Marie Secours des Chrétiens que Monsieur l'abbé Petit attribua toujours d'avoir échappé à la mort pendant la commune. En action de grâces, il célébrait chaque année le saint sacrifice de la messe dans le sanctuaire de Notre-Dame des Victoires, et faisait, pendant ses vacances, un pieux pèlerinage en l'honneur de la Mère de Dieu (1).

Il y puisait un amour encore plus tendre envers la Sainte Vierge, et Marie, « la meilleure des Mères, chère entre toutes » qui ne se laisse pas vaincre en générosité par ses enfants, voulant, sans doute, donner à son serviteur fidèle une preuve de sa maternelle satisfaction, lui confia, en octobre 1873, le gouvernement de sa famille privilégiée, la Congrégation de Notre-Dame (2). C'est donc pendant le mois du Saint Rosaire que Monsieur l'abbé Petit devenait le père spirituel des filles de la Vierge Marie (3).

Ce que fut le vénéré Supérieur pour la Communauté du Roule en général, et pour chacun de ses membres en particulier, impossible de le rendre : conseiller prudent et éclairé, appui ferme et sage, et par-dessus tout père indulgent et bon. Aucune de ses visites aux religieuses ne restait infructueuse ; car aux paroles les plus aimables et les

(1) Entre autres à Notre-Dame des Ermites à Einsiedeln, Notre-Dame de Lourdes et Notre-Dame de Liesse près de Laon, pèlerinage pour lequel M. l'abbé Petit avait un grand attrait. Cette dévotion lui venait de son bienfaiteur : M. Ducastel en quittant le monde, avait offert son sabre en ex-voto à Notre-Dame de Liesse.

(2) Par suite de la mort de M. l'abbé Bayle, supérieur des trois maisons de Paris : l'Abbaye-aux-Bois, les Oiseaux et le Roule.

(3) Touchante coïncidence ! ce fut encore à cette même époque de l'année qu'il allait, quinze ans plus tard, recevoir au Ciel la récompense de son dévouement si vrai et si constant.

plus gaies, il mêlait toujours un profond et utile enseignement. Souvent, surtout à la suite d'une retraite faite chez les Trappistes, il parlait de ses aspirations à une vie plus parfaite encore, et de ses désirs de tout abandonner pour ne plus songer qu'à son salut éternel.

Tout dans ses entretiens révélait sa belle âme et les joies spirituelles qui paraissaient y régner en permanence : les fins dernières, le martyr même, sur ses lèvres, semblait avoir quelque chose d'attrayant. « *C'est si bon de mourir* ! ne craignez « pas la mort, mes chères Mères, mes bonnes « sœurs ! Elle est si bonne, si belle, si douce ! et « le Paradis où l'on verra le bon Jésus. Ah ! que « ce sera beau ! . . . » et c'est par là qu'il finissait ordinairement.

Les petites pensionnaires aimaient beaucoup, elles aussi, les visites de Monsieur le Supérieur : il les amusait si bien, tout en leur rappelant sans cesse la pratique de la vertu réelle, la nécessité du travail, les devoirs de la famille, la douce obligation pour chacun de chercher à faire plaisir à tous.

Parfois même il assistait aux petites représentations données au pensionnat ou aux pieuses fêtes célébrées par le noviciat. Il doublait la joie de ces réunions par le plaisir qu'il paraissait y trouver. Ce fut surtout la solennité donnée au 25e anniversaire des noces d'argent ou de la Consécration sacerdotale du saint prêtre, qui laissa dans les cœurs de toute la Communauté le souvenir le plus suave et le plus gracieux (1).

Un lien nouveau attacha en 1876 Monsieur l'abbé Petit au Couvent du Roule : par suite de l'élévation de Monsieur l'abbé Le Hardy du Marais, Directeur des Enfants de Marie, à l'évêché de Laval, et à la demande de la Directrice, Mère Marie des Anges, il consentit à joindre, au titre de Supérieur de la maison, celui de Directeur de la Congrégation de la Sainte-Vierge.

Il consacra à cette œuvre sa piété si tendre et son zèle si apostolique. Il sut non seulement lui conserver toute sa ferveur, mais y introduire quelques pieuses innovations : le pélerinage annuel des Congréganistes à Montmartre ; l'affiliation à l'archiconfrérie des Enfants de Marie et de Sainte-Agnès à Rome ; la fondation d'une messe quotidienne offerte en expiation des blasphèmes et des profanations du Très Saint Sacrement de l'Eucharis-

(1) Nous parlons par anticipation de cette fête charmante qui eut lieu en décembre 1886. On rappela à M. l'abbé Petit, en la forme et sur l'air du martyrologe, tous les évènements importants de sa vie, souvenirs qui lui arrachèrent des larmes d'attendrissement; en même temps de petits présents, offerts à l'intention de ses pauvres, lui permettaient de faire des heureux, ce qu'il aimait tant.

tie (1) ; enfin, une extension plus grande donnée à l'Association, en y admettant exceptionnellement des personnes pieuses du monde, en dehors des anciennes élèves du Roule.

Le zélé Directeur vit d'année en année prospérer la Congrégation. Le soin pieux et intelligent avec lequel il choisissait les conférenciers des réunions mensuelles et les prédicateurs de la retraite annuelle, a été, sans contredit, l'un des grands secrets de ce succès, dont il jouissait, comme il savait jouir de tout ce qui contribuait à la gloire de Dieu et à la sanctification des âmes. Lui-même d'ailleurs, par ses paroles toutes pleines de sa tendresse spirituelle et toutes débordantes de ses saintes aspirations, embrasait les cœurs et leur imprimait un élan pour ce qu'il y a de meilleur et de plus parfait.

Quelque occupé qu'il fût, Monsieur l'abbé Petit ne manquait aucune des réunions des Enfants de Marie ; en cas de maladie ou d'absence absolument forcée, il s'y associait par la pensée.

C'est ainsi que, étant à Rome, en janvier 1888, il

(1) Cette messe est dite à la Communauté de Saint-Thomas-de-Villeneuve. On ne saurait trop recommander aux Enfants de Marie de s'unir à cette messe quotidienne, afin qu'un concert de prières et d'hommages s'élève chaque jour vers Dieu et répare, s'il est possible, l'impiété d'un grand nombre.

eut l'attention délicate d'écrire une lettre au conférencier de l'année (1) afin qu'il pût la communiquer aux Enfants de Marie, à leur réunion du deuxième vendredi du mois. Et pendant qu'il écrivait aux Congréganistes dont il était séparé, il accueillait, avec sa bonté et sa grâce habituelles, celles qui se trouvaient dans la ville éternelle.

A son retour à Paris, l'amour que Monsieur l'abbé Petit avait toujours montré pour l'Eglise et le Souverain Pontife parut plus grand encore, et les récits enflammés qu'il faisait des fêtes magnifiques auxquelles il avait assisté, transportaient tous les cœurs.

Mais il rêvait d'autres fêtes, d'autres splendeurs : il songeait beaucoup au Ciel et se détachait de plus en plus de la terre, tout en se montrant plus paternel et plus affable que jamais pour ceux qui l'aimaient ici-bas . . .

Il passa la plus grande partie du 7 juillet au Couvent du Roule, solennisant avec Mères et Enfants la fête du bon Curé de Mattaincourt, fondateur de la Congrégation de Notre-Dame (2).

(1) M. l'abbé Martin de Gibergues, alors secrétaire de Sa Grandeur l'Archevêque de Paris : maintenant sous-directeur des Œuvres Diocésaines.

(2) Si le bienheureux Pierre Fourier est désigné dans toute la Lorraine sous la dénomination de « Bon Père » M. l'abbé Petit était connu dans Paris sous celle de « Bon abbé Petit ». On pourrait citer des

Il prit également part aux scènes joyeuses par lesquelles on fêtait notre Mère Supérieure.

Le 27 du même mois, il présidait la distribution des prix et, après des paroles gracieuses et aimables adressées à tous les assistants, il résumait les conseils donnés aux élèves, en leur laissant comme devise et souvenir d'adieu les mots : *piété, esprit de sacrifice, fidélité au devoir*. Se tournant vers celles qui ne devaient plus revenir dans ce cher monastère, il leur parla, et avec quel zèle ! de l'œuvre des catéchismes et de celle des ouvriers, cherchant à leur communiquer un peu de ce feu sacré qui l'animait pour les intérêts de Notre-Seigneur et le vrai bien des âmes.

Toute la belle journée de l'Assomption fut consacrée par Monsieur l'abbé Petit aux religieuses du Roule : après avoir célébré la Sainte Messe, il leur rappela, en des paroles onctueuses et appropriées à la circonstance, leurs engagements sacrés et reçut ensuite le renouvellement de leurs vœux. A l'issue du salut, son dernier entretien à la Communauté, qui ne dura pas moins d'une heure et

traits innombrables de sa bonté et de son désintéressement. C'est ainsi que pendant neuf mois, il visita chaque jour le vénérable abbé Hugues, curé de Sainte-Valère, atteint d'une douloureuse maladie. Il apportait au saint vieillard non seulement joie et consolation, mais il lui rendait encore les services que réclamait son état, et cela avec la délicatesse du fils le plus dévoué.

demie, laissa bien des âmes sous l'impression d'un adieu à toujours. Lui-même en paraissait convaincu.

« Il faut vivre dans le surnaturel, répéta-t-il
« plusieurs fois — se faire saint — ne pas s'épar-
« gner — la vie est courte — l'éternité approche ! »

Le 26, il faisait encore une dernière apparition au Couvent, afin de bénir une malade qui l'intéressait particulièrement, (Mère Saint Arsène, Assistante,) et, dans la soirée de cette même journée, il adressait les lignes suivantes à la supérieure d'une Communauté de notre saint Ordre (1).

Paris, le 26 Août 1888.

Chère Vénérée Mère,

« Si vous saviez quelle aimable et bonne lettre
« vous m'avez écrite.

« J'aime votre Jupille d'un amour à part . . .

« N'est-ce pas qu'au Ciel, on sera heureux d'être
« ensemble délicieusement réunis sous les tendres
« regards du bon Dieu ! Et puis on n'aura plus à se
« quitter.

« Me voici maintenant à la veille de partir pour

(1) Couvent de Jupille, près de Liège, que M. l'abbé Petit visita plusieurs fois et auquel il portait un intérêt tout particulier.

« la Terre-Sainte. C'est vendredi que je m'embarque « à Marseille. Je vais là-bas avec un attrait puissant « pour ces chers lieux que Notre-Seigneur a foulés « de ses pieds sacrés. En reviendrai-je? Du moins, « il me semble qu'il me serait doux d'y mourir. « Mais ne parlons pas de cela. Priez un peu pour « moi avec vos filles; je ne vous oublierai pas non « plus là-bas.

« Me voyez-vous à Bethléem, là où les anges ont « chanté la paix de Jésus! A Nazareth, errant aux « environs pour rechercher les traces divines de « Jésus ouvrier, puis au Calvaire, puis partout. « J'en ai déjà le cœur tout plein.

« Au revoir ma bien chère Mère, ici-bas ou là-« haut. Tâchons, n'est-ce pas, de faire de notre « mieux dans le sens des désirs du cher Maître. »

La veille de son départ, Monsieur l'abbé Petit fit ses adieux aux Petites-Sœurs des Pauvres « œuvre, « qui, dans les dernières années de sa vie, semble « avoir été l'objet de sa prédilection. Il veillait avec « une tendre prévoyance à tous leurs besoins; il « faisait bon le voir au milieu des vieillards; sa « charité sacerdotale débordait avec eux. Il les « aimait et en était aimé. Aussi avait-il voulu se « faire l'aumônier de la maison des Petites-Sœurs « de l'avenue de Breteuil. Chaque matin, il y célé-« brait la Sainte Messe, il entendait la confession

« des vieillards ; c'était là son meilleur et son plus « doux repos (1). »

Il termina sa visite par les mots : » Je ne vous « dis pas adieu, mais au revoir ; parce que je vais « à Dieu ! »

Le mercredi 29 août, Monsieur l'abbé Petit célébra la sainte messe dans l'église du Sacré-Cœur à Montmartre. Depuis douze ans, le premier vendredi de chaque mois, à moins d'empêchements sérieux, quelques minutes avant sept heures, il arrivait, assez souvent à pied depuis l'archevêché, afin d'offrir l'auguste sacrifice dans la chapelle provisoire. Cette visite était si régulière que l'autel de l'exposition était toujours réservé au pieux pélerin, telle était toutefois la modestie et la déférence du Vicaire général, qu'ordinairement, il se contentait d'un autel latéral. Il avait même expressément défendu de parler de lui dans le Bulletin du Vœu national. Parfois il revenait dans la soirée au sanctuaire de Montmartre, pour y faire le chemin de la croix.

Dans sa dernière visite, il parut encore plus saintement joyeux que de coutume. Il dit au Directeur :

(1) Mgr Richard. Lettre Nécrologique. — Lorsque plus tard ces bons vieillards apprirent la maladie de leur bienfaiteur, ils manifestèrent leur chagrin d'une manière touchante et se succédèrent sans interruption devant le Saint Sacrement afin d'obtenir du Ciel sa guérison.

« Je ne veux pas faire mon pélerinage comme « on le fait ordinairement, je prendrai mon temps ; « mes compagnons reviendront quand ils voudront, « mais je resterai après eux ; vous ne me reverrez « plus avant six mois. Tout à l'heure, pendant « mon action de grâces, entendant le prêtre qui « récitait le chapelet, indiquer comme fruit du « mystère *la recherche de Jésus*, je me suis « dit aussitôt : C'est précisément ce que je veux « faire ; je vais chercher Jésus ; j'irai dans tous les « lieux où il a passé ; je suivrai les sentiers qu'il « a suivis, je parlerai aux bergers du pays, j'irai « pêcher dans le Jourdain !

« Il y a vingt-sept ans que je travaille, n'est-il « pas juste que je prenne quelques mois pour « satisfaire ma dévotion ? du reste, toutes mes « affaires sont en règle, je pars tranquille, rien ne « souffrira de mon absence ! »

Aussi touché qu'édifié par les paroles enthousiastes du saint prêtre, le Révérend Père Voirin lui dit. « Mais quand vous serez sur la montagne « de l'Ascension, que ferez-vous ? Imiterez-vous « ce pélerin dont Saint François de Sales rapporte « l'histoire ? Suivrez-vous Jésus dans le Ciel ? » — Pour toute réponse, Monsieur Petit sourit doucement.

Dans le courant de la journée, il vit quelques

amis, reçut la bénédiction de son Archevêque, qui l'embrassa en pleurant, et partit le soir pour Marseille.

C'est ici le lieu de rappeler que Monsieur l'abbé Petit, par la générosité de son cœur et l'élévation de son caractère, s'était fait un grand nombre d'amis. L'un d'eux, qui lui était tout particulièrement attaché, ne recula pas devant la fatigue d'un long voyage afin de le surprendre agréablement à son passage à Marseille et de s'entretenir quelques instants avec lui.

Monsieur l'abbé Petit la croix de pélerin sur la poitrine, lui dit tout ému : « Je reconnais bien là « mon vieil ami ; je passerai donc avec vous mes « dernières heures de France. » Et après lui avoir donné la certitude que Monseigneur Richard le nommerait chanoine de Notre-Dame, il ajouta :« Sa « Grandeur ne pouvait pas me faire un plus grand « plaisir qu'en me donnant cette nouvelle (1). »

§ IV.

Notre-Dame de la Garde ! Marie, toujours Marie, Étoile de la mer, Porte du Ciel, Consolatrice des affligés ! c'est pour la Très Sainte Vierge que fut la

(1) M. l'abbé Petit, par une de ses attentions délicates dont il avait le secret, avait expressément recommandé à son exécuteur testamentaire de réserver à son ami tout son costume de chanoine (croix,

dernière visite du pieux pélerin avant de quitter le sol de la France. Il lui confia ses désirs, ses saintes espérances, et remit entre ses mains bénies les intérêts qu'il laissait derrière lui.

Le voyage de Monsieur l'abbé Petit fut favorisé d'un temps magnifique. Il écrivait, le 4 septembre, à Monseigneur l'Archevêque de Paris.

« Visiblement le bon Dieu bénit les débuts du « pélerinage. Nous pouvons chaque matin dire la « Sainte Messe : c'est ma petite cabine qui a tous « les honneurs. Elle est transformée en un ora- « toire, où quelques passagers viennent pieuse- « ment faire leurs dévotions. »

Et pourtant, comme si Dieu lui faisait déjà entrevoir la croix à travers les premières joies du pélerinage, il ajoutait : « Non, il ne nous arrivera « aucun accident, et s'il se produisait quelque « chose de semblable, je ne l'appellerais pas un « accident, puisque nous avons tout mis entre les « mains du cher Maître. Ce qu'il fera ou permettra « arrivera fort à propos, et d'avance nous prenons « sa divine main pour la baiser avec un filial et « tendre amour. »

Dans une lettre adressée, le même jour, à la

rochets, manteaux et mosettes), précieux souvenirs dont M. le chanoine*** se revêtit lors du service funèbre célébré à Notre-Dame pour le vénéré défunt.

Révérende Mère Supérieure du Roule, il l'entretenait des pieuses consolations qu'il se promettait de la visite des lieux sanctifiés par la présence et le séjour de la Sainte Famille en Égypte ; à ce sujet, il eut encore un souvenir tout particulier pour sa chère Congrégation des Enfants de Marie.

Ce voyage à travers l'Égypte fut très fatigant pour Monsieur l'abbé Petit, et arrivé à Jaffa, il se trouva tellement souffrant qu'il fut obligé de s'arrêter quelques jours à l'hôpital français.

Se sentant un peu mieux, il essaya de continuer son voyage. Il arriva à Jérusalem le 15 septembre, et descendit chez les Révérends Pères Franciscains de la Casa Nova. Mais, de nouveau, la maladie prit des caractères si alarmants, que, afin de ne pas incommoder ses hôtes, il se fit transporter, dès le lendemain, à l'hôpital français desservi, comme celui de Jaffa, par les sœurs de Saint-Joseph.

« J'ai pu, dimanche, assister à une partie de « messe, écrivait-il le 19, et, appuyé sur un bras « charitable, aller prier au Saint-Sépulcre et au « Calvaire. C'est la grande consolation de mon « voyage. Depuis lors, la maladie ne me laisse au- « cun repos. Qu'en sera-t-il? Ce qu'il plaira au bon « Dieu, et il me suffit. »

Une correspondance détaillée, ou plutôt un journal précieux, dû aux religieuses de Notre-Dame de

Sion, reproduit dans la semaine religieuse de Paris et autres publications, permet de suivre jour par jour, heure par heure, la maladie de Monsieur l'abbé Petit qui présente l'un des cas les plus rares dont on ait entendu parler à Jérusalem.

Mal terrible qui laissait au patient toute sa connaissance et lui permettait de s'unir à l'agonie de Notre-Seigneur au jardin des Olives, car le sang lui sortait par tous les pores. Monsieur Petit se montrait d'une douceur, d'une bonté et d'une piété au-dessus de toute expression. Il recevait avec une égale cordialité tous ceux qui venaient le voir, appréciant surtout les visites de la Supérieure de Notre-Dame de Sion. A chacune de ses visites, il lui disait qu'il était heureux près d'elle de « respirer l'air de la patrie. »

Après son administration, qui eut lieu le 7 octobre, jour du Saint-Rosaire, il dit à la vénérée Supérieure : « Je suis content ; que Dieu est bon ! . . .
« Mourir à l'hôpital ! dans Jérusalem ! c'est une
« grande grâce . . . » et étendant ses deux bras, il ajoutait : « Mon Dieu, je n'ai aucun vouloir, vous êtes trop bon ! »

Ce même jour, le pieux malade bénissait les Religieuses de la Congrégation de Notre-Dame, dans la personne de la Supérieure de Sion, agenouillée près de son lit.

« Je vous recommande, lui dit-il, mes commu-
« nautés de l'Abbaye-aux-Bois, des Oiseaux, du
« Roule. Dites-leur que je ne les oublie pas et
« que je leur recommande de bien garder tou-
« jours l'union religieuse qui doit exister entre
« elles. »

« Comme ma vie est forte encore ! disait-il dans la soirée du 7 octobre, tant de sang répandu et je suis encore en pleine possession de moi-même ! Mais je m'affaiblis... puis viendront les ténèbres... et puis après ? — Après, reprit la Supérieure, toutes les splendeurs d'une incomparable lumière, et là vous vous souviendrez de tous ceux que vous avez aimés. — Oh ! oui, il y en a déjà trois qui m'attendent et que j'ai bien aimés ... j'attendrai les autres (1). »

La sœur garde-malade lui ayant dit : Comme Jésus, vous donnez votre sang, Monsieur l'abbé Petit reprit avec force. « Ah ! le mien, quelle proportion y a-t-il? Qu'est-ce qu'il vaut ?... Que je le donne, la belle affaire !... C'est bien le moins ! — Mais vous êtes heureux tout de même de pouvoir l'unir ici à celui de Notre-Seigneur pour les causes qui vous sont chères ? — Ah ! cela oui ! »

(1) Le Cardinal Morlot ; Monseigneur Darboy, le martyr de la Commune, et le vénéré Cardinal Guibert...

A partir du lundi soir, les souffrances augmentèrent et les crises se succédèrent avec violence. Le malade n'en conservait pas moins son calme admirable ; il ne cessait de prier. Chaque fois qu'une personne nouvelle entrait dans sa chambre, il demandait que l'on récitât le Rosaire, et vingt fois peut-être, il fit recommencer les prières de la recommandation de l'âme. Sur son désir, on lui lisait de temps en temps, quelques passages de la Passion ou de la Pratique de l'amour de Jésus-Christ.

Au rideau de son lit était suspendu un crucifix. Souvent il levait les mains vers lui et disait : « Je « vous offre, ô mon Dieu, mes souffrances . . . J'ai « eu au moins la consolation de baiser le Calvaire « et le Saint-Sépulcre, je meurs content. Et à un jeune maronite, domestique de l'hôpital qui aidait la sœur, il montrait le même crucifix et lui disait : « Tout ce que tu fais pour moi, tu le fais pour le « Christ ; Il sera ta récompense. »

Se sentant près de sa fin, Monsieur l'abbé Petit formula avec précision toutes ses intentions, fit la part des récompenses de chacun, sans oublier personne. « J'ai tâché, pendant toute ma vie, dit-il, de « faire plaisir à tout le monde, je veux faire de « même jusqu'à ma mort. »

Le mercredi, à 11 heures du soir, une crise violente se déclara. « Y suis-je, s'écrie le pieux malade ? — Non, pas encore. A une deuxième crise : — Pensez-vous que ce soit la fin ? — Non, mais nous en approchons, répond le chanoine *** qui l'assistait (1). — Très bien. — Les prières étant terminées : — Allez donc jusqu'au bout : Il voulait parler du *Subvenite* (2). — Non, pas encore. A une troisième crise : — C'est fini ! Pour l'Église, pour mon Archevêque, pour la France, pour Paris, pour les Communautés dont je suis le Père (3), et, baissant la voix : — *In manus tuas, Domine, commendo spiritum meum !* »

Enfin, à 3 heures 1/2 du matin, le jeudi 11 octobre, la tête appuyée sur une main, l'autre dans celle de l'aumônier de l'hôpital, Monsieur Petit, que tant d'âmes religieuses aimaient à appeler leur père, rendit son dernier soupir, sans secousse et sans effort, ayant conservé sa connaissance jusqu'au dernier moment.

Les funérailles du représentant du saint Archevêque de Paris, de l'humble Monsieur l'abbé Petit, eurent un éclat extraordinaire. Elles furent célébrées dans la nef de l'église du Saint-Sauveur;

(1) Le chanoine français auquel M. l'abbé Petit se confessa dès qu'il connut la gravité de son mal, considère comme une des plus grandes grâces de sa vie d'avoir vu une telle âme en rapports intimes avec la sienne.

(2) Prière que l'on récite sur la fin de l'agonie.

(3) Paroles qui ont été gravées sur la tombe du vénéré défunt.

le patriarche de Jérusalem, bien que malade lui-même, voulut faire l'absoute. Puis, le cortége se dirigea vers Saint-Étienne-hors-les-murs, en passant à travers la ville et en suivant pendant quelques instants la *voie douloureuse*, fait presque inouï ; ce qui amena un grand concours de peuple, étonné d'un pareil spectacle, mais gardant une attitude pleine de respect.

Le corps du vénéré défunt fut déposé en terre française, dans un des tombeaux antiques creusés dans le roc, tout près de l'autel du premier diacre et martyr.

§ V.

Nous n'essayons pas de dépeindre l'émotion causée par la mort de Monsieur l'abbé Petit ; cette triste nouvelle arriva en France le jour même de la fête de Saint Édouard, son patron. Nous passerons également sous silence les démonstrations touchantes auxquelles donna lieu le service funèbre célébré dans l'Église Métropolitaine le 19 octobre.

Mais aux Enfants de Marie, nous tenons à rappeler les paroles par lesquelles Monsieur l'abbé Bureau, successeur de Monsieur l'abbé Petit comme Directeur de leur Congrégation (1), terminait

(1) M. l'abbé Bureau. Vicaire général, Archidiacre de Saint-Denis, Supérieur actuel des trois maisons de la Congrégation de Notre-Dame à Paris.

l'éloge du vénéré défunt, à la première réunion qui suivit son décès :

« Cette mort vous impose des devoirs et avant « tout celui de l'imitation : vous ne seriez pas de « dignes filles de votre Père spirituel, si vous « ne marchiez pas sur ses traces ; et l'un des moyens « d'y parvenir, est de remplir fidèlement les obli- « gations prescrites par le petit Manuel des En- « fants de Marie ; le but de votre association n'étant « pas autre que de vous conduire à la perfection « demandée par Notre-Seigneur.

« Imitez donc votre Père défunt, afin de satis- « faire à ce qu'il demande de vous, car si, comme « nous l'espérons, il jouit maintenant de Dieu dans « sa plénitude, ce qu'il désire avant tout c'est que « vous puissiez arriver toutes au même but ; et « vous y parviendrez en suivant le chemin dont « votre ancien Directeur après Marie, votre Mère, « vous a tracé la voie. »

N-D. des Champs, N-D. des Victoires !
N-D. de la Garde, Notre-Dame du Roule !
Priez pour nous, veillez sur nous, protégez-nous !

www.ingramcontent.com/pod-product-compliance
Ingram Content Group UK Ltd.
Pitfield, Milton Keynes, MK11 3LW, UK
UKHW021035180726
13838UKWH00004B/1823